DreamWorks
ABOMINABLE
PEARL
Le roman du film
hachette
JEUNESSE

Everest
乐趣

Surnommé Everest par Yi, ce yéti
magique adore son nouveau nom !
Capturé par des scientifiques alors
qu'il n'est encore qu'un bébé,
il ne souhaite qu'une chose :
retourner dans l'Himalaya pour retrouver
ses parents. Et sa nouvelle amie
Yi est bien décidée à l'y aider !

Discrète et réservée, Yi a du mal à s'ouvrir aux autres et à se remettre de la disparition de son père. Violoniste virtuose, elle chérit son instrument qu'elle ne sort que pour se remonter le moral. Elle rêve de découvrir la Chine et économise pour que ce rêve devienne un jour réalité...

Yi
中国

Le jeune cousin de Jin est très proche de Yi. Et il se lie également très rapidement d'amitié avec Everest ! Passionné de basket-ball, il est toujours de bonne humeur et plein de ressources.

Peng
城市

奇遇

Jin

Jeune garçon très populaire, il a tendance à oublier son amie d'enfance, Yi, au profit de nouveaux amis plus branchés. Mais lorsque celle-ci l'embarque avec elle dans la plus folle des aventures, il retrouve les valeurs qui lui sont chères et familières.

奇遇

1 L'évasion

Dans son laboratoire secret situé dans les sous-sols du siège des industries Burnish, le Dr Zara est installée à son bureau. Elle est au téléphone. Perchée sur son épaule, Duchesse, sa gerboise, fronce le museau.

– Oui, monsieur Burnish, affirme la biologiste avec un fort accent anglais. Toute la presse sera là. C'est la découverte scientifique la plus importante du siècle ! Je vous promets que vous ne serez pas déçu.

Le Dr Zara raccroche, puis se fige soudainement. Elle a entendu quelque chose… Lentement, elle se retourne… et découvre avec effroi une gigantesque créature blanche et poilue, juste derrière elle !

« Comment a-t-il pu s'échapper de sa cage ? » s'interroge la femme, paniquée.

– Tout doux… souffle-t-elle au monstre en reculant prudemment.

Il faut faire vite ! Elle appuie sur le bouton d'alarme caché sous son bureau. Une alarme retentit aussitôt et une dizaine de gardes, armés de bâtons électriques, surgissent dans le bureau.

Mais la bête fonce dans le tas, droit vers la sortie. Quelques instants plus tard, elle débouche dans la cour du bâtiment, entourée de barbelés électrifiés. Les gardes débarquent, à leur tour. Ils s'avancent lentement vers la créature.

– Pas de mouvements brusques, leur rappelle le Dr Zara.

Tout à coup, la bête se met à fredonner. Une lueur bleue parcourt alors sa fourrure blanche et… *Craaac !* la foudre s'abat sur l'un des projecteurs qui éclairent la cour !

Le Dr Zara et les gardes courent se

mettre à l'abri. Quand la biologiste relève la tête, la créature a disparu.

– Qui va annoncer la nouvelle à monsieur Burnish ? s'inquiète le chef de la sécurité.

Le Dr Zara le fusille du regard. Elle va devoir retrouver la bête… Et vite.

La créature court dans les rues de la grande ville. Grâce à l'obscurité, elle passe inaperçue. Désorientée, elle se réfugie enfin sur le toit d'un immeuble. Puis, épuisée, elle finit par s'endormir.

Le lendemain matin, alors que la bête dort encore, Yi, une jeune fille âgée de 16 ans, se réveille dans l'un des appartements situés quelques mètres plus bas. Comme tous les matins depuis qu'elle est en vacances, la jeune fille se prépare en un éclair. Elle sait qu'une longue journée l'attend ! Mais avant de partir, elle doit traverser le salon… et donc croiser sa mère et sa grand-mère, NaiNai.

– Bonne journée ! leur lance Yi en filant le plus vite possible vers la porte d'entrée.

– Sois prudente ! lui crie sa mère.

– Rentre à l'heure pour le dîner, ajoute sa grand-mère. Et pas de garçons !

– C'est bon, je gère ! répond Yi en refermant la porte.

Ouf. Elle est dehors. La journée peut commencer !

La jeune fille enchaîne les travaux d'été. Elle commence par promener une douzaine de chiens en laisse, puis elle se rend à un baby-sitting. Mais pas de chance : aujourd'hui, le petit garçon de 4 ans qu'elle garde a préféré mettre son repas dans les cheveux de Yi plutôt que dans son estomac ! Ensuite, elle lave la voiture d'un voisin, avant de se rendre à la poissonnerie, où elle est payée pour évacuer les déchets de poissons. En fin de journée, la jeune fille est lessivée. Elle a de la nourriture dans les cheveux, elle sent le poisson mais… elle a gagné de l'argent.

L'adolescente rentre chez elle en comptant ses bénéfices quand, soudain, elle entend une voix qui lui est familière. Oh non ! C'est Jin... Et, comme toujours, les élèves les plus populaires du lycée l'accompagnent...

– Beurk, c'est quoi, cette odeur ? demande une fille du groupe.

Pour toute réponse, son amie dévisage Yi, et souffle :

– On dirait qu'elle a dormi dans une décharge...

Toute la bande éclate de rire. Même Jin.

Yi baisse la tête et accélère le pas. Enfin, elle arrive devant son immeuble.

– Salut, Yi ! l'interpelle Peng, un ballon de basket à la main. Tu viens mettre des paniers ?

Le garçon de 9 ans fait partie du voisinage, mais c'est aussi le cousin de Jin. Quand ils étaient petits, tous les trois étaient les meilleurs amis du monde. Mais maintenant… tout a changé.

– Désolée, je n'ai pas le temps, répond la jeune fille. Demande à ton cousin !

– Il a encore un rencard… soupire Peng.

Aujourd'hui, Jin a décidé de s'intéresser aux filles, à son précieux téléphone portable et à ses baskets hors de prix. Mais malheureusement pas à son petit cousin…

Yi secoue la tête et file rejoindre son appartement. Mais juste avant de pousser la porte, elle s'arrête. NaiNai et sa mère sont en train de parler d'elle.

– Elle n'est plus jamais à la maison ! se plaint sa grand-mère. On dirait que tu as baissé les bras.

– Ça, ça ne risque pas d'arriver ! répond sa mère d'une voix ferme. Mais tu sais comme moi ce qu'elle a traversé. Son papa lui manque… Il nous manque à tous.

C'est plus que Yi ne peut en supporter. Elle entre et se dirige droit vers sa chambre, refusant de dîner.

– Attends ! lui dit sa mère. Tu voudrais bien nous jouer un peu de violon ? Tu te souviens, avant, tu…

– Impossible, la coupe la jeune fille. Je l'ai vendu, prétend-elle avant de s'enfermer dans sa chambre.

Comme chaque soir, sa mère vient l'embrasser avant d'aller se coucher. Mais ce soir, Yi garde les yeux fermés et préfère faire semblant de dormir.

Puis, dès que sa mère est repartie, elle se relève. Elle ouvre la fenêtre et grimpe sur les échafaudages qui entourent l'immeuble…

2 La rencontre

En quelques instants, Yi arrive sur le toit. C'est son refuge, et c'est le seul endroit où elle parvient à se sentir à l'aise…

Elle y a même construit une sorte de cabane. Dedans, il y a tout ce qui compte pour la jeune fille : une carte de Chine, où sont punaisées des cartes postales, ainsi qu'une orchidée en piteux état dans son pot, que Yi soulève pour révéler sa cachette. C'est à cet endroit qu'elle place l'argent qu'elle gagne. Elle économise pour réaliser son rêve : un grand voyage à travers tout le pays !

Dissimulé derrière une pile de coussins, il y a aussi son bien le plus précieux : le violon qui appartenait à son père. La jeune fille le tire de son étui, puis sort sur le toit. Là, elle pose l'instrument sur son épaule et elle se met à jouer.

Quand elle joue, Yi a l'impression que son père est là, à côté d'elle.

Pendant quelques instants, c'est comme s'il était encore en vie…

Soudain, le vacarme d'un hélicoptère l'interrompt. L'appareil est si proche de l'immeuble que Yi recule, effrayée, et tombe à la renverse. Quand l'appareil s'éloigne, Yi se rend compte qu'elle a lâché son violon. Heureusement, elle l'aperçoit un peu plus loin, derrière un conduit de chauffage.

Vite, elle se précipite pour le récupérer… et s'arrête net.

Juste derrière l'instrument, il y a une énorme bête poilue, toute blanche, qui l'observe avec de grands yeux bleus. Terrifiée, la jeune fille fait un bond en arrière. Mais la créature s'avance vers elle, et pousse un rugissement.

« Qu'est-ce que c'est que ce truc ? songe la jeune fille, abasourdie. Un gorille blanc ? Un démon ? »

Elle recule lentement, redoutant que la bête se jette sur elle. Mais cette dernière se contente de gémir. C'est alors que Yi remarque une large entaille rouge sur son bras. La créature est blessée !

De nouveau, le bruit de l'hélicoptère résonne dans le ciel. L'appareil revient. Aussitôt, le monstre recule pour se cacher dans l'ombre du conduit. « C'est lui que ces gens cherchent ! comprend aussitôt Yi. Peut-être que ce sont eux qui l'ont blessé ? »

Sans réfléchir, la jeune fille décide d'aider la créature. Elle tire un panneau de métal pour la dissimuler des regards, puis elle se cache à son tour afin que l'hélicoptère ne la repère pas.

Quelques minutes plus tard, l'appareil s'éloigne. Ouf !

Yi retourne prudemment voir la bête. Elle s'est endormie. Elle ne semble plus si effrayante à présent... Doucement, la jeune fille s'assied face à elle. D'où vient la créature ?

Que fait-elle ici ? L'adolescente brûle de le savoir…

Ce sont les premiers rayons du soleil qui réveillent Yi. Elle s'est assoupie sur le toit. Dès qu'elle ouvre les yeux, son premier mouvement est de vérifier si elle a rêvé. Mais non : la créature est toujours là ! Et elle ronfle. À la lumière du jour, sa blessure semble plus profonde encore.

« Je ne peux pas le laisser comme ça ! », décide Yi.

Elle attrape quelques billets dans sa réserve et file à la pharmacie la plus proche. Sur le chemin du retour, elle remarque un attroupement : des gens en blouse blanche examinent une voiture dont le capot est déformé par ce qui ressemble à une gigantesque empreinte de patte.

Une femme rousse, qui porte une gerboise sur son épaule, questionne activement le chauffeur de la voiture. Elle semble être la chef du petit groupe de scientifiques. « Ce sont eux, comprend Yi. Ils recherchent la bête qui est sur le toit ! » Elle s'éloigne discrètement et s'empresse de rejoindre son immeuble. Il faut qu'elle arrive avant eux !

Après un détour par la cuisine de son appartement pour récupérer les délicieux raviolis au porc que prépare NaiNai, elle remonte sur le toit.

– Salut, petit ! Ou petite ? souffle-t-elle en déposant la nourriture devant la cachette de la créature. Tu as faim ?

Aussitôt, la bête s'en empare. Elle engloutit les raviolis en une bouchée ! Puis elle laisse échapper un rot retentissant qui fait vaciller Yi.

– Je confirme, tu es un garçon ! s'exclame la jeune fille en fronçant le nez.

Espérant avoir amadoué la bête, Yi sort la pommade et les bandages qu'elle a achetés. La créature est d'abord méfiante, mais elle accepte finalement que l'adolescente s'occupe de sa blessure.

La jeune fille examine la bête avec curiosité.

– Je ne sais pas d'où tu viens, chuchote-t-elle, mais une chose est sûre : tu es loin de chez toi…

Quand Yi a terminé son pansement, la bête tente de se redresser. Mais quand elle prend appui sur son bras, elle pousse un gémissement de douleur.

– Oh non ! Ne pleure pas ! s'écrie Yi. Attends...

Elle va chercher son violon et, sous le regard curieux de la créature, elle se met à jouer.

– Je me sentais toujours mieux quand mon père jouait pour moi, lui explique-t-elle.

Visiblement, la méthode fonctionne aussi avec la créature car, bientôt, elle s'apaise. Suivant son regard, Yi constate que la bête fixe un panneau publicitaire. À l'écran s'affiche une photo de l'Everest, la plus haute montagne du monde.

– C'est là-bas, ta maison ? questionne Yi, hésitante.

Elle place ses doigts en triangle au-dessus de sa tête, pour mimer un toit. À sa grande surprise, la créature l'imite.

Yi fronce les sourcils. Elle prend son portable pour chercher « créature de l'Everest ».

– « Bien que considéré comme un mythe par beaucoup, lit-elle à haute voix, certains croient toujours à l'existence du… »

La jeune fille s'arrête pour fixer la bête avant de s'exclamer :

– Non mais je rêve… Il y a un yéti sur mon toit !

– OÙ EST MON Yéti ? hurle M. Burnish.

Le milliardaire est au téléphone, et il est furieux.

– Capitaine, je vous tiens *personnellement* responsable de sa fuite. Vous avez intérêt à le retrouver, si vous ne voulez pas que je vous congédie sur-le-champ !

À l'autre bout du fil, le chef de la sécurité acquiesce. Assis à bord d'un 4 x 4 aux côtés du Dr Zara, il est déjà à la recherche du fugitif. Mais le voilà encore plus motivé pour le retrouver…

Après une journée à veiller sur le yéti, Yi se décide à aller faire des courses pour lui apporter de quoi dîner. Elle court à la boutique lui acheter une montagne de raviolis. Quand elle revient, elle trouve le yéti en train de se rafraîchir devant un tuyau d'aération.

– Qu'est-ce que tu fais là ? le sermonne-t-elle. Quelqu'un risque de te voir !

À peine a-t-elle prononcé ces mots que la porte qui donne sur le toit s'ouvre… sur Jin et Peng !

En découvrant le yéti, le petit garçon pousse un hurlement strident.

– J'appelle la police ! s'écrie Jin en sortant son portable.

– NON ! hurle Yi. Attends !

Trop tard.

– Allô ? Il y a une bête sauvage sur le toit de mon immeuble !

La voix de Jin résonne sur toutes les fréquences de la police, y compris dans celle que le Dr Zara écoute actuellement dans son 4 x 4 !

– Il n'est pas dangereux ! proteste Yi. C'est un yéti…

– Cool ! murmure Peng, admiratif.

– Quoi ? Mais ça n'existe pas ! répond Jin.

Mais elle a à peine le temps de répliquer qu'un hélicoptère des industries Burnish s'approche du toit.

– Il faut que tu t'en ailles ! crie Yi au yéti.

Elle attrape sa carte de Chine, ses cartes postales et son violon pour éviter qu'ils ne soient emportés par le vent produit par l'hélicoptère. Soudain, elle sent que des bras poilus l'agrippent : le yéti la met sur son dos et, avant qu'elle ne puisse réagir, il bondit sur le toit de l'immeuble voisin !

La jeune fille est trop terrorisée pour regarder en bas. Mais au loin, elle aperçoit le fleuve. Voilà comment le yéti pourrait quitter la ville et retourner chez lui !

– Par là ! lui ordonne-t-elle. Dépêche-toi ! Tu vois ce bateau ? Il va partir. Il faut à tout prix que tu montes dedans !

Mais pour y arriver, ils vont non seulement devoir semer l'hélicoptère, mais aussi les voitures qui les pourchassent au sol… En baissant les yeux, Yi aperçoit Jin et Peng qui les suivent sur un scooter rose. Au moins, elle n'est pas seule dans cette histoire !

Par chance, elle arrive pile au moment où l'une des attractions touristiques les plus réputées de la ville commence : il s'agit d'un gigantesque spectacle de sons et lumières. Les poursuivants du yéti sont suffisamment gênés par ce dernier pour que la bête parvienne à leur échapper.

Quelques minutes plus tard, Yi et le yéti atteignent le port.

– Vite, monte sur le bateau pour rentrer chez toi ! crie Yi. Le yéti la regarde, l'air perdu. Puis il finit par grimper sur le pont.

– Cache-toi ! lance la jeune fille.

La bête essaie de se dissimuler entre deux containers, sans succès. Yi sent son cœur se serrer. Il a l'air si vulnérable…

– Yi ! Tout va bien ? demandent Jin et Peng qui viennent d'arriver sur le scooter rose.

Le regard de la jeune fille fait un rapide aller-retour entre le bateau et ses voisins. Et soudain, sans crier gare, elle se met à courir !

Hop ! Elle saute sur le pont pour rejoindre le yéti.

– Tu vas avoir de la compagnie, Everest ! annonce-t-elle. Oh, on dirait que ton nouveau nom te plaît… ajoute-t-elle, en voyant le visage ravi de la créature.

– Yi, qu'est-ce que tu fabriques ? hurle Jin depuis le port.

Le garçon ne voit pas Peng s'élancer à son tour. Il saute vers le bateau, mais la distance est bien trop longue… Il va tomber dans le fleuve ! Heureusement, Everest le rattrape et le dépose délicatement à ses côtés.

– Peng ! hurle encore Jin. Je suis responsable de toi ! Ta mère va me tuer !

Il secoue la tête. Il n'a pas le choix : il doit sauter lui aussi.

Une fois sur le bateau, le garçon se met à faire les cent pas, furieux.

– Je suis tellement en colère que je ne veux même plus te parler, lâche-t-il à Yi.

Mais la jeune fille ne l'écoute pas. Elle rêve de voyages depuis toujours, et même si celui-ci ne ressemble pas à ce qu'elle avait imaginé, peu importe : elle part !

4 L'aventure commence !

– La conférence doit avoir lieu dans une semaine ! tonne M. Burnish. Comment vais-je prouver que les yétis existent si je n'ai *pas* de yéti à présenter ? Impossible… Il me le faut, mort ou vif, vous m'entendez ?

Face au vieil homme, le Dr Zara blêmit, horrifiée. Mais elle n'a pas le temps de protester : le capitaine de la sécurité entre dans le bureau.

– Un docker a repéré une créature blanche avec des enfants, annonce-t-il. Ils ont embarqué sur un bateau hier soir.

– Je veux bien me lancer à sa recherche, déclare le Dr Zara, mais à une seule condition : qu'on le ramène vivant. Promettez-moi qu'on ne lui fera aucun mal !

– Oui, oui, comme vous voulez, peste M. Burnish en congédiant ses employés d'un signe de main.

Loin de se douter du danger qui les guette, Yi, Peng et Everest se réveillent sur le pont du bateau. Jin, lui, est déjà debout. Un peu à l'écart, il téléphone à sa mère. Pour la rassurer, il a inventé une histoire de visite dans l'une des universités de Pékin…

Yi profite du calme pour parler à Everest. Avec un morceau de charbon, elle trace une carte rudimentaire sur le pont puis lui explique :

– Tu dois d'abord franchir la montagne Jaune, puis suivre le fleuve Yang-Tsé qui te conduira au pied de l'Himalaya. C'est là que tu trouveras l'Everest, ta maison.

– Attends, c'est au moins à des centaines de kilomètres, ça, remarque Jin.

– Des milliers plutôt ! corrige Peng.

C'est alors que le bateau entre dans un port. Il faut vite se cacher avant que quelqu'un repère Everest… Yi repère alors une caisse immense. Voilà qui fera l'affaire !

Tous les quatre enlèvent une partie des canettes de soda qui s'y trouvent avant de se glisser à l'intérieur. Bientôt, ils sentent que leur cachette est déchargée du bateau. Mais, étrangement, au lieu de s'immobiliser sur le quai, elle continue à bouger… Yi jette un œil à l'extérieur. Oh non ! Ils sont maintenant sur un camion, sans aucune idée de leur destination ! Pire encore : Everest leur fait des signes très clairs. Il doit aller faire pipi !

Yi a une idée.

– Faites comme moi ! lance-t-elle en poussant sur l'un des côtés de la caisse. Si on y met tout notre poids…

BAM !

Et voilà, la caisse vient de basculer du camion !

Vite, Everest se précipite dans les buissons pour se soulager. Mais, quelques minutes plus tard, son estomac se met à grogner : il a faim.

Tandis que Yi réfléchit à l'endroit où ils pourraient acheter de quoi manger, le yéti se met à fredonner. Une lumière bleue l'entoure soudain et… *Pop !* Une myrtille apparaît dans le buisson. Puis une deuxième, une troisième…

Bientôt, le petit groupe est entouré de centaines de baies !

– Elles sont trop bonnes, annonce Peng qui n'a pas pu résister à l'envie d'en goûter une.

Le problème, c'est que les myrtilles continuent de grossir. Elles font maintenant la taille d'un ballon de foot ! Cédant sous le poids d'un fruit, une branche se casse.

Les myrtilles géantes commencent à tomber !

– COUREZ ! ordonne Yi en prenant ses jambes à son cou.

Le groupe fuit à toute allure, poursuivi par une marée de myrtilles géantes. Le pauvre Jin est couvert de jus ! Ses vêtements de marque sont irrécupérables…

Yi, Peng, Jin et Everest sortent des bois, juste à temps pour ne pas être ensevelis, et rejoignent un promontoire rocheux. Les myrtilles terminent leur course à leur pied et, bientôt, ils peuvent reprendre leur route.

Mais après de longues heures de marche, ils n'ont toujours pas croisé la moindre trace de civilisation. Yi propose de camper pour la nuit dans une petite clairière.

Jin est désespéré : non seulement il va devoir dormir en pleine nature mais, en plus, son portable ne capte pas…

– Waouh ! Un vrai traumatisme, dis donc ! se moque Yi.

– Pardon d'avoir des amis ! s'énerve Jin. Moi, je ne suis pas…

– … solitaire ? complète Yi. C'est ce que tu allais dire ? Pour ton information, c'est moi qui ai choisi d'être toute seule, OK ?

– Tu vas être ravie alors, rétorque Jin, parce que demain, Peng et moi, on retourne en ville !

Yi hésite. Everest a besoin d'elle… Et puis… il est fascinant. Magique.

Elle tourne la tête pour l'observer. Le yéti est en train de chahuter avec Peng, un peu plus loin. En les regardant tous les deux, la jeune fille a une illumination.

– Everest est un enfant ! Il doit avoir à peu près l'âge de Peng, c'est-à-dire 9 ans ! Pour tester sa théorie, elle s'empare d'un petit caillou et de deux plus gros. Elle les montre à Everest en expliquant :

– Le petit, c'est toi. Et les gros, ce sont tes parents. C'est bien ça ?

Le yéti prend les deux gros cailloux pour les serrer contre lui. Ses grands yeux bleus sont remplis de larmes.

– Ne t'inquiète pas, lui murmure Yi. Je vais te ramener chez toi. Auprès d'eux.

– Et tu vas faire comment ? intervient Jin. Le raccompagner jusqu'à l'Everest ?

– Pourquoi pas ? réplique la jeune fille. Il a besoin de sa famille !

– Et ta famille à toi, alors ? répond le garçon. Tu ne crois pas qu'ils ont besoin de toi, eux aussi ? Tu ne les vois jamais !

Furieuse, Yi va se coucher. Tout est si facile pour Jin ! Il ne sait pas de quoi il parle… Tant pis, elle continuera sans lui. Everest compte sur elle, et elle ne va pas l'abandonner.

5 Dans les airs

Le lendemain matin, le petit groupe se réveille avec le soleil. Malgré un moment de communion autour de la musique de Yi, chacun reste sur ses positions : Jin veut rentrer au plus vite et ramener Peng avec lui, tandis que Yi souhaite raccompagner Everest. Ils décident de faire la route ensemble jusqu'au village de Da He, au bord du fleuve Yang-Tsé, là où leurs chemins se sépareront.

Ce qu'ils ne savent pas, c'est que le Dr Zara, le capitaine et M. Burnish en personne sont sur leurs traces ! Et ils progressent rapidement.

Après avoir suivi la piste du bateau, la biologiste a trouvé le tas de canettes renversées sur le pont. Elle n'a pas tardé à reconstituer leur trajet, et elle conduit maintenant son groupe jusqu'à la caisse abandonnée sur le bord de la route.

– Nous devrions nous séparer pour couvrir plus de terrain, décide-t-elle.

Suivant les ordres de M. Burnish, des équipes s'éparpillent donc de tous côtés. L'une d'entre elles risque fortement de finir par tomber, à un moment ou à un autre, sur le yéti et ses nouveaux amis...

De leur côté, Yi, Jin, Peng et Everest viennent d'arriver au pied de la montagne Jaune. Et le chemin qui les attend s'annonce long et difficile car, pour rejoindre le village de Da He, ils doivent franchir la montagne en empruntant un vieil escalier de pierre sinueux...

À mi-chemin, épuisé, le groupe fait une pause sur une terrasse naturelle couverte de pissenlits. Peng s'empresse d'en cueillir un : il veut apprendre à Everest à souffler dessus pour faire un vœu !

Mais soudain, un nuage de drones apparaît autour d'eux. Yi reconnaît aussitôt le logo inscrit sur les machines : il s'agit de celui des personnes qui cherchent Everest ! Elle jette un œil en contrebas : un convoi de véhicules arborant le même logo leur barre la route…

– Comment va-t-on se sortir de là ? s'inquiète-t-elle.

À ces mots, Everest commence à chantonner. Le pissenlit que Yi tient à la main se met à grossir. Et à grossir, encore et encore… Bientôt, les pieds de la jeune fille quittent le sol. Elle s'envole, soulevée par la fleur !

– Qu'est-ce qui se passe ? hurle Jin. Lâche ! C'est trop dangereux !

Au même moment, Everest attrape Peng, puis s'agrippe à son tour à la tige du pissenlit.

Tous les trois s'élèvent dans le ciel, hors de portée de Jin.

– Retrouvons-nous au village ! leur crie le garçon.

– On y sera ! lui assure Yi avant qu'une rafale de vent ne les emporte au loin.

Après un vol féerique, Yi, Everest et Peng atterrissent en plein dans le désert de Gobi. Les voilà bons pour un peu de marche, avant d'atteindre leur point de rendez-vous…

Pendant ce temps, Jin vient de franchir la montagne Jaune.

En bas de l'escalier, les gardes de M. Burnish l'attendent. Le Dr Zara, le chef de la sécurité et M. Burnish s'approchent. La scientifique se présente poliment, mais Jin la coupe.

– Je sais qui vous êtes ! s'écrie-t-il. Vous êtes les méchants…

– Vous vous trompez, réplique le Dr Zara. Cette bête sauvage est imprévisible et dangereuse. Nous essayions simplement de sauver votre amie quand le yéti l'a kidnappée !

Les paroles de la biologiste déstabilisent Jin. C'est vrai qu'Everest est bizarre, avec ses pouvoirs magiques… Et imprévisible. Il y a encore une heure, il a emporté Peng sous ses yeux !

– Écoute, petit imbécile ! s'impatiente M. Burnish. Ce yéti est à moi et je veux le récupérer. C'est compris ?

Le Dr Zara secoue la tête d'un air désapprobateur et entraîne Jin à l'écart.

– Je veux juste retrouver mon cousin et mon amie, et retourner en ville, confie le garçon.

– Je peux t'aider ! répond la scientifique. Mais pour ça, il faut que je sache où se trouvent tes amis…

– Je ne sais pas où ils sont, souffle Jin. Mais je sais où ils vont.

Le Dr Zara sourit, satisfaite.

奇遇

6 Course-Poursuite

Un quart d'heure plus tard, Jin voyage dans le luxueux camping-car de M. Burnish, en direction du village de Da He.

À la nuit tombée, le convoi s'arrête et les gardes montent un campement confortable. Autour du feu de camp, M. Burnish se met à raconter sa jeunesse d'aventurier dans l'Himalaya.

– … et tout à coup, je l'ai vu ! Un yéti, un vrai, en chair et en os ! Il me fixait de ses yeux froids. Il allait me tuer. Alors j'ai pris mon piolet et j'ai donné un grand coup… Mais quand j'ai rouvert les yeux, la bête avait disparu !

Le vieux milliardaire soupire et continue :

– À mon retour, j'ai raconté ce qui m'était arrivé. Mais je n'avais aucune preuve… On m'a ri au nez !

– Et depuis, vous avez consacré votre vie à prouver son existence ? devine Jin.

– Ne vous inquiétez pas, intervient le Dr Zara. On attrapera ce yéti demain, grâce à ce jeune homme.

Jin ressent un pincement au cœur. Il se sent coupable. « C'est pour Peng et Yi que je fais ça », se rappelle-t-il en se levant pour aller se coucher.

Mais malgré tous ses efforts, il n'arrive pas à s'endormir. Si Yi dit vrai et qu'Everest est encore un enfant… alors le pauvre sera terrorisé par les gardes et par le piolet de M. Burnish…

En soupirant, Jin se relève pour aller prendre l'air. Soudain, il entend des voix, qui lui semblent familières : le Dr Zara et le chef de la sécurité sont en train de se disputer.

Intrigué, le garçon s'approche discrètement.

– Je croyais que nous devions attraper ce yéti vivant ! proteste le capitaine.

– De toute façon, ils vont le découper en petits morceaux pour leurs expériences, réplique froidement le Dr Zara.

Jin sursaute.

La scientifique a perdu son accent anglais et semble avoir complètement changé de personnalité !

– Qu'est-ce qu'on fait des gamins ? demande le chef de la sécurité.

– Si vous voulez vos 10 %, débarrassez-vous-en ! ordonne le Dr Zara.

Un frisson descend le long de la colonne vertébrale de Jin. Il a fait confiance à la mauvaise personne !

Le garçon s'agite. Il n'est pas trop tard ! Il doit filer d'ici et prévenir au plus vite Peng, Yi et Everest avant que cette horrible femme ne les retrouve !

Avec un air déterminé totalement nouveau pour lui, le garçon arrache la manche de sa chemise de créateur et la noue autour de son front. Voilà un vrai explorateur !

Puis, d'un pas décidé, il s'enfonce dans les bois.

Un peu plus tard, il parvient à un village de pêcheurs.

– Pouvez-vous me conduire à Da He ? demande-t-il aux habitants.

Tous refusent, mais une femme désigne le portable de l'adolescent.

– Si vous me donnez votre téléphone, je vous donne mon bateau, propose-t-elle.

Jin hésite une seconde. Il s'agit de son bien le plus précieux ! Mais la voix glaciale du Dr Zara résonne à nouveau à ses oreilles : *« Débarrassez-vous-en. »*

Alors, il tend l'appareil. Bientôt, Jin s'éloigne sur le fleuve…

De leur côté, après une marche épuisante, Yi, Peng et Everest parviennent enfin à quitter le désert et entrent dans un petit bois. Ils se laissent tomber près d'un ruisseau pour se rafraîchir et se reposer quelques instants. Yi est à bout de nerfs. Elle est épuisée, perdue, et elle a très envie de baisser les bras…

Soudain, une carpe koï bondit du cours d'eau, faisant sursauter le yéti.

– Pourquoi est-ce qu'elles nagent à contre-courant ? interroge Peng, intrigué.

– Pour rentrer chez elles, explique Yi. Tu sais, ces poissons sont un symbole de persévérance : ils n'abandonnent jamais. C'est ce que m'a appris ma mère, en tout cas…

Soudain, l'adolescente sourit. Voilà qui s'applique parfaitement à leur situation actuelle !

Il n'en fallait pas plus pour redonner du courage à la jeune fille.

Le groupe se remet en marche et, bientôt, ils aperçoivent un train, au loin. S'ils pouvaient l'attraper, ils gagneraient un temps précieux !

– Mais comment monter à bord, s'il ne s'arrête pas ? questionne Peng.

– Tu as une idée ? interroge Yi, en se tournant vers le yéti.

Everest comprend tout de suite. Il se met à fredonner. Une nuée de feuilles vient tourbillonner autour d'eux, les soulève, et les emporte jusqu'au train.

Peng est ravi : c'est quand même bien plus confortable que de marcher ! Bien trop tôt à son goût, ils arrivent à la gare de Da He, leur point de rendez-vous avec Jin.

Mais avant de chercher le garçon, il faut d'abord déguiser Everest. Hors de question de se promener dans les rues avec un yéti magique ! Heureusement, Peng a une idée. En deux temps trois mouvements, il transforme Everest en un yack acceptable grâce à un filet de pêche et un vieux guidon de vélo.

Puis le petit groupe se sépare pour partir à la recherche de Jin. Yi s'éloigne d'un côté, et Peng de l'autre, sur le dos d'Everest. Mais au bout de quelques minutes, Yi aperçoit les gardes de M. Burnish, qui fouillent le village.

– Oh non ! gémit-elle.

– Je te dépose ? lance une voix dans son dos.

La jeune fille se retourne et découvre Jin, qui accoste sur la rive avec son bateau.

– Tu es venu ! s'exclame Yi, ravie.

– Bien sûr, répond le garçon. Mais… où est Peng ?

Les deux adolescents tournent la tête et repèrent le garçon un peu plus loin. Toujours perché sur le dos d'Everest, il progresse au milieu d'un troupeau de yacks. Mais les

gardes de Burnish encerclent les bêtes. Ils vont se faire capturer !

Clac ! Clac !

Brusquement, Peng se met à donner de grandes tapes sur le derrière des yacks à sa portée. Paniqués, les animaux fuient en provoquant un bazar indescriptible. Peng et Everest n'ont plus qu'à profiter de la diversion pour rejoindre Jin et Yi !

Hop ! Tous embarquent sur le bateau.

– Content de te voir, cousin ! lance Jin, soulagé.

Malheureusement, leurs poursuivants ne comptent pas en rester là. D'une pression sur un bouton, le capitaine transforme le camping-car de M. Burnish en véhicule amphibie qui se précipite à son tour sur le fleuve !

S'engage alors une course-poursuite sur l'eau. Et, malheureusement, le vieux bateau de pêcheur n'est pas assez rapide pour semer l'engin flambant neuf du milliardaire…

– Everest, fais quelque chose ! supplie Yi.

Mais oui ! Puisque le yéti peut contrôler la nature, son pouvoir fonctionne aussi avec l'eau ! Grâce à lui, le bateau file à vive allure… Si vite que ses occupants ne voient pas le virage arriver !

– Tourne ! hurlent en chœur Jin et Yi.

Trop tard.

Le bateau heurte la rive et plonge dans un champ de fleurs de colza. Ils vont s'écraser !

Alors que tout semble perdu, Everest se met à fredonner. Et soudain, les fleurs réagissent comme de l'eau. Elles portent le bateau, qui flotte comme s'il était bercé par les vagues !

Derrière, le camping-car s'est échoué sur la rive, mais continue à avancer !

– Plus vite ! Plus haut ! s'écrie Peng, ravi.

Le yéti s'exécute, créant d'immenses vagues dans les champs de colza. Le bateau est secoué dans tous les sens, comme pris dans une tempête végétale.

Et, tout à coup, Peng est projeté par-dessus bord.

– STOP ! hurle Yi.

Aussitôt, Everest arrête de fredonner. Et le bateau chute lourdement sur le sol…

奇遇

Yi se redresse dans le champ de fleurs. Le bateau a explosé en mille morceaux, mais tout le monde est sain et sauf. Pourtant, Everest pousse un gémissement triste : il vient de trouver le violon de Yi. Le manche est brisé, les cordes arrachées : la chute a été fatale au vieil instrument…

– Non ! crie la jeune fille, désespérée.

Elle court se réfugier dans un bosquet de bambous, un peu plus loin. Elle est abattue et sous le choc. Quelques instants plus tard, Jin la rejoint.

– Ça va ? demande-t-il doucement.

– Ce violon, c'était ce que j'avais de plus précieux, souffle Yi. Quand j'étais petite, mon père me jouait toujours la même chanson pour m'endormir. Juste pour moi. Et je ne sais pas mais… quand il jouait ce morceau, je savais que tout irait bien.

– Je suis désolé de t'avoir dit que tu n'étais jamais avec ta famille, murmure Jin, touché.

– Non, tu as raison, répond Yi. Je ne sais pas pourquoi je fais autant de choses. Peut-être pour ne pas penser à mon père. Pour ne pas penser qu'il me manque. Ma famille… Ils sont si… distants.

– Tu es sûre que ça vient d'eux ? demande doucement Jin.

Yi fait la moue. Peut-être que c'est elle qui s'éloigne d'eux, pas le contraire ?

Alors qu'elle réfléchit, Peng déboule parmi les bambous, surexcité.

– Vite, venez voir !

Inquiète, Yi se précipite. Mais Everest est en parfaite santé. Il tient son violon… Et il est réparé !

La jeune fille l'examine. À la place des cordes, il y a maintenant…

– Des poils de yéti ? souffle-t-elle.

– Ouais ! confirme Peng, aux anges.

Le petit garçon lui tend les cartes postales qu'elle avait rangées dans l'étui du violon, et qui avaient été éparpillées par la chute.

– Tu as vu ? lui dit-il. Ce sont tous les endroits que nous avons visités !

Yi ouvre de grands yeux. Son ami a raison : sur les cartes postales de son père, il y a le lac Qiandao, le désert de Gobi, les champs de fleurs de colza du Yunnan…

La dernière carte montre une immense statue de Bouddha. Yi relève le nez et voit Everest qui désigne du doigt un point, au loin. Soudain, les nuages s'écartent et le bouddha apparaît, sous leurs yeux.

– Waouh ! souffle Yi. Il s'agit de l'endroit que mon père tenait absolument à me montrer ! Incroyable…

Elle se tourne vers Everest et demande :

– Tu m'as emmenée ici exprès, n'est-ce pas ?

Le yéti ne répond pas. Il se contente de sourire en admirant l'immense sculpture.

Le petit groupe se met en marche et, en fin d'après-midi, ils atteignent le bouddha. Là, Yi s'empare de son violon et se met à jouer. Les nouvelles cordes brillent d'une douce lueur bleue et, partout autour de la jeune fille, de petites fleurs blanches se mettent à fleurir. En réparant l'instrument avec ses poils, le yéti lui a offert un pouvoir magique !

La jeune fille lui sourit, reconnaissante.

– Et maintenant, que fait-on ? demande-t-elle à ses amis.

– Maintenant, à nous l'Everest ! répond Jin, tout sourire.

Les amis repartent pour une longue marche. Mais cette fois-ci, ils sont ensemble. Et ils sont heureux.

Le lendemain, le petit groupe arrive au pied de l'Himalaya. Il ne leur reste plus qu'un pont à tra-

verser pour rejoindre la chaîne de montagnes.

– Everest, regarde ! s'écrie Yi. De l'autre côté, c'est chez toi !

– Qu'est-ce qu'on attend ? s'exclame Peng. Allons-y !

Mais alors qu'ils s'apprêtent à traverser, deux hélicoptères surgissent devant eux. Leurs poursuivants les ont retrouvés ! Des gardes descendent des appareils, armes à la main. Derrière Yi, Jin, Peng et Everest, le convoi terrestre surgit à son tour. Ils sont cernés !

奇遇

8 Au bord du gouffre

– Cours, Everest ! crie Yi. Rejoins la montagne avant qu'il ne soit trop tard !

La jeune fille sait que le yéti peut se débarrasser des gardes qui lui barrent la route. Mais Everest n'est pas prêt à abandonner ses amis.

– Chargez les fusils tranquillisants ! ordonne le capitaine.

Alors que les gardes sont prêts à tirer, M. Burnish lève la main pour les arrêter. En revoyant Everest, sur ce pont, la mémoire lui revient.

Quarante-cinq ans auparavant, il s'était retrouvé nez à nez avec une créature identique. Terrifié, il avait brandi son piolet. La créature avait reculé... et le jeune aventurier avait découvert trois petits yétis, cachés derrière lui. Des bébés. Terrorisés. Puis, dans un éclair bleu, tous avaient disparu...

– Vous aviez raison, docteur, lance soudain le milliardaire. Le yéti doit être protégé. Laissez-le partir.

Le capitaine hésite. Il consulte le Dr Zara du regard. Et l'impitoyable scientifique lui fait signe de tirer. *Zip !* Une fléchette atteint M. Burnish, qui s'écroule, assommé. Puis le chef de la sécurité crie à ses hommes :

– Feu à volonté !

Une pluie de fléchettes s'abat alors sur Everest ! Terrassé, le yéti s'affaisse. Les gardes n'ont plus qu'à le traîner jusqu'à la cage qu'ils ont prévue pour lui, sous les regards horrifiés de Yi, Jin et Peng. Le Dr Zara s'avance : elle veut tirer une dernière flèche sur Everest, à bout portant. C'en est trop pour Yi, qui s'élance pour s'interposer. Mais la biologiste la repousse avec violence.

Projetée en arrière, la jeune fille passe par-dessus la rambarde du pont… et chute dans le vide.

– NON ! hurle Jin.

– Yi ! sanglote Peng.

Sans ménagement, les gardes les font monter dans un 4 x 4, aux côtés de M. Burnish, toujours inconscient. Puis le convoi redémarre, en direction de la ville.

Sur le pont, tout est silencieux. Il ne reste plus que l'étui du violon de Yi, abandonné sur le côté.

Pourtant, quelques mètres plus bas, Yi est suspendue à une poutrelle et refuse d'abandonner. Elle est comme la carpe : persévérante. Petit à petit, la jeune fille se hisse à la force de ses bras. Enfin, elle parvient à remonter sur le pont, saine et sauve. Elle cherche aussitôt le convoi des yeux.

Les véhicules sont déjà loin. Le cœur serré, elle aperçoit Everest dans sa cage. Yi regarde autour d'elle, perdue. Que peut-elle faire, à présent ?

Son regard s'arrête sur son violon. C'est ça ! Vite, elle prend l'instrument et se met à jouer. Ses nouvelles cordes brillent, une lumière bleue parcourt le ciel, et quand la jeune fille joue sa dernière note, aiguë et puissante, un éclair bleu vient frapper la cage du yéti !

Aussitôt, Everest ouvre les yeux. En poussant un vif rugissement, il arrache les barreaux de sa cage, puis il fait surgir des stalagmites sur la route, devant le convoi. Paniqués, les chauffeurs arrêtent les véhicules.

– Non ! Impossible ! crie le Dr Zara, hors d'elle.

Alors que les gardes prennent la fuite, terrifiés par les pouvoirs du yéti, Jin et Peng tentent de réveiller M. Burnish, sans succès. Ils décident tout de même de le sortir du véhicule… au moment où Yi apparaît !

Jin n'en croit pas ses yeux.

– Tu es vivante ! murmure-t-il, aux anges.

La jeune fille sourit, puis échange un regard complice avec Everest. Avec les pouvoirs du yéti et le violon de la jeune fille, ils sont invincibles !

Profitant de cet instant d'inattention, le Dr Zara prend les commandes d'un véhicule de transport aux côtés du capitaine. Et la voilà qui fonce droit sur Everest ! Elle ne cherche même plus à le capturer. Ivre de colère et de vengeance, elle n'a plus qu'un seul but : tuer la créature...

Le véhicule vient heurter la montagne à pleine vitesse. Un craquement sinistre résonne. La terre tremble ; le choc a déclenché une avalanche de pierre, qui emporte le véhicule dans le vide.

Yi, Jin, Peng et M. Burnish, à présent bien réveillé, se précipitent au bord du gouffre.

– Everest ? appelle doucement Peng, la voix serrée par l'angoisse.

9 À La maison

Une voix familière s'élève dans leur dos. Everest est vivant ! Yi se précipite pour serrer le yéti dans ses bras.

– Tu es de loin la créature la plus extraordinaire que j'aie jamais vue, déclare M. Burnish. C'est pour cela que le monde ne doit jamais savoir que tu existes.

Puis il se tourne vers Yi et propose :

– Puis-je vous raccompagner en ville ?

– Merci, répond la jeune fille. Mais j'ai promis à Everest de le ramener chez lui.

– Vous voulez l'accompagner au sommet de l'Everest ? Mais c'est impossible ! proteste le milliardaire.

– Quand Yi le décide, rien n'est impossible, intervient Jin.

M. Burnish hoche la tête, puis insiste pour fournir à Yi, Jin et Peng un équipement de montagne complet.

Une fois le petit groupe prêt à repartir, Everest se met à fredonner. Les nuages au-dessus d'eux se regroupent et prennent peu à peu la forme d'énormes carpes koïs

sur lesquelles les amis grimpent en toute confiance. Ils commencent à s'habituer à cette étrange façon de voyager !

Bientôt, le brouillard s'écarte et révèle le sommet de l'Everest. Ils sont arrivés !

Après un atterrissage en douceur, Everest recommence à fredonner.

Quelques instants plus tard, des voix lui répondent... Des dizaines de lumières bleues les entourent à présent, et tout un groupe de yétis, cinq fois plus grand qu'Everest, surgissent du brouillard. Deux d'entre eux semblent particulièrement heureux de sa présence.

– Ce sont tes parents ! comprend Yi. Everest, tu es chez toi, ça y est !

Le yéti lui prend les mains pour lui dire au revoir. Et quand il les retire, la jeune fille constate qu'il y a glissé quelque chose.

C'est une photo de Yi et de son père qu'elle gardait dans l'étui de son violon. Pour la première fois depuis longtemps, la jeune fille déplie le cliché. Sur l'autre moitié figurent sa mère et NaiNai. Yi sent les larmes lui monter aux yeux. Elles lui manquent tellement !

– Merci, Everest, souffle-t-elle.

Après avoir serré une dernière fois Yi, Peng et Jin dans ses bras, Everest court rejoindre sa famille.

– À notre tour de rentrer chez nous ! déclare Yi.

Maintenant, elle comprend le sens de son voyage : elle a aidé Everest à rejoindre sa famille, et le yéti l'a aidée à retrouver la sienne.

Deux jours plus tard, Yi, Jin et Peng sont de retour devant leur immeuble. Vite, Yi se précipite chez elle.

– Oh, tu es là ? l'accueille sa mère. Comment s'est passé ton voyage ?

Sans répondre, Yi la serre dans ses bras. Sa mère n'en revient pas… tout comme NaiNai, qui entre dans le salon à ce moment-là.

– Vous m'avez tellement manqué ! souffle Yi.

– C'est bon de te retrouver, répond sa grand-mère, avec un sourire heureux. Pour fêter ça… Je vais préparer mes fameux raviolis !

– Génial ! s'exclame Yi. On peut inviter Jin et Peng ?

Sa mère et sa grand-mère échangent un regard surpris. Décidément, ce voyage a transformé la jeune fille !

Quelques heures plus tard, autour de la table, l'ambiance est joyeuse.

– Tu avais raison, Peng, s'écrie Jin. Ces raviolis sont délicieux !

– Personne au monde ne les aime autant que moi ! s'enthousiasme Peng.

– Hum… ça, je n'en suis pas sûre, répond malicieusement Yi.

Tous les trois éclatent de rire en pensant au gourmand Everest. Pour la première fois depuis bien longtemps, la joie règne dans l'appartement de Yi. Et dans son cœur.

FIN

TABLE

PAPIER À BASE DE FIBRES CERTIFIÉES

hachette s'engage pour l'environnement en réduisant l'empreinte carbone de ses livres. Celle de cet exemplaire est de :
300g éq. CO_2
Rendez-vous sur www.hachette-durable.fr

Photogravure Nord Compo - Villeneuve-d'Ascq
Imprimé en France par Pollina - 91145.
Dépôt légal : octobre 2019
Achevé d'imprimer : septembre 2019
78.6305.7/01 – ISBN 978-2-01-710505-3
Loi n° 49956 du 16 juillet 1949
sur les publications destinées à la jeunesse